Inhalt

Landwirtschaft unter Druck - volatile Märkte und niedrige Preise nagen an den Einkommen

Kernthesen

Beitrag

Fallbeispiele

Weiterführende Literatur

Impressum

GENIOS WirtschaftsWissen Nr. 01/2010 vom 13.01.2010

Landwirtschaft unter Druck - volatile Märkte und niedrige Preise nagen an den Einkommen

R.Reuter

Kernthesen

- Die weltweite Rezession hat auch vor den deutschen Agrarbetrieben nicht Halt gemacht.
- Im Wirtschaftsjahr 2008/2009 mussten viele Landwirte stark gesunkene Erlöse verkraften.
- Die Ursachen liegen in den liberalisierten Märkten begründet, deren Öffnung zu

schwankenden Preisen geführt hat. Schwierigkeiten macht den Landwirten aber auch der in Deutschland stark ausgeprägte Preiskampf - wie etwa bei der Milch.

Beitrag

Rezession auf den Äckern

Die Wirtschafts- und Finanzkrise ist auch an den deutschen Agrarbetrieben nicht vorbei gegangen. Nach Auskunft des Bauernverbandes (DBV) hat das abgelaufene Geschäftsjahr das schlechteste Ergebnis des ganzen Jahrzehnts erbracht. Das Wirtschaftsjahr 2008/2009 ist demnach desaströs verlaufen: Die Gewinne brachen auf breiter Front um 25 Prozent, bei den Milchbauern sogar um 45 Prozent ein. Kaum optimistischer stimmt der Blick auf 2010. Der Bauernverband geht davon aus, dass sich die Einnahmesituation der Bauern nicht bessern wird. Derzeit soll ein Landwirt nur noch über ein monatliches Brutto von gut 2 000 Euro verfügen. Etwas besser sieht es bei Ökobetrieben aus, da sich die Einnahmen hier um nur zehn Prozent verminderten. (1)

Volatile Märkte und niedrige Preise

Die aktuell schwierige Lage der Bauern hat vielfältige Gründe, die nicht nur in der Weltwirtschaftskrise liegen. Auch grundsätzlich haben sich die wirtschaftlichen Bedingungen für die Agrarbetriebe in den letzten Jahren grundlegend geändert. So hat die allgemeine Liberalisierung der Märkte dafür gesorgt, dass die Preise viel stärker schwanken als in früheren Jahrzehnten. Diese Volatilität macht den Betrieben stark zu schaffen, da sie ihre Erlöse nicht mehr verlässlich kalkulieren können. Die Preisunsicherheit betrifft heute nicht nur Erzeugnisse, sondern auch Vor-Produkte wie Futtermittel und Saatgut. Besonders augenfällig ist das Problem bei den Milchpreisen, die durch große Handelsketten im vergangenen Jahr deutlich gedrückt wurden. Dieser Unterbietungswettbewerb, der die Milchbauern und Molkereien in Existenznot bringt, soll zukünftig durch gebündelte Angebote gestoppt werden. (1), (2)

Schlechte Stimmung bei den Bauern

Unter den deutschen Bauern herrscht angesichts der

bestehenden Lage eine sehr schlechte Stimmung. Dies hat das Konjunkturbarometer Agrar ergeben, das kürzlich vorgestellt worden ist. Demnach beurteilen die heimischen Landwirte ihre derzeitige Situation schlechter denn je. Daran ändert es auch nichts, dass die Betriebe etwa in zwei Jahren eine Trendwende erwarten. (1), (2), (3)

Milchbauern leiden am stärksten

Die niedrigen Erzeugerpreise haben dafür gesorgt, dass die Milchbauern innerhalb der deutschen Landwirtschaft die größten Probleme haben. Entgegen dem üblichen Saisonverlauf sind die Milchpreise seit dem Frühjahr 2008 kontinuierlich gesunken. Durchschnittlich kostete ein Kilogramm Milch im Wirtschaftsjahr 2008/2009 30 Cent und damit 30 Prozent weniger als zuvor. Hoffnungszeichen gibt es kaum - stattdessen müssen sich die Landwirte darauf einstellen, dass die Europäische Union im Jahr 2015 die Milchquote auslaufen lassen wird. Etwas besser stehen die Sauenhalter da, die im abgelaufenen Geschäftsjahr von den guten Ferkelpreisen profitieren konnten. (1), (2)

Rückläufige

Unternehmensergebnisse im Ackerbau

Schwer in Bedrängnis sind auch die Ackerbauern geraten. Sie mussten es verkraften, dass die Getreidepreise 2009 um bis zu 40 Prozent nach unten gingen. Allerdings stehen die Zeichen gut, dass sich die erholende Weltkonjunktur auch auf den Ackerbau positiv auswirken könnte. Für 2010 erwartet die Teilbranche einen moderaten Anstieg der Erlöse. Um sogar 50 Prozent sanken die Einnahmen bei den Futterbaubetrieben - obwohl die Milchleistung und die Einnahmen aus Schlachtvieh gestiegen sind. (2)

Bedeutung des Exports nimmt zu

Immer wichtiger wird für die deutschen Agrarbetriebe die Ausfuhr von Nahrungsmitteln. Die heimische Landwirtschaft ist zwischenzeitlich zum drittgrößten Exporteur im Weltagrarhandel aufgestiegen, wofür Frankreich bereits 2007 von seinem Platz verdrängt wurde. 2008 sind Waren im Wert von gut 52 Milliarden Euro ausgeführt worden. Jeder vierte Euro, den die Bauern verdienten, kam aus dem Export. Ein Handelsüberschuss konnte indessen noch nicht erreicht werden: Mit Nahrungsmitteln im Wert von rund 62 Milliarden Euro importiert Deutschland nach wie vor mehr Agrargüter als es ausführt. Zwischen Januar und August 2009 sanken die Exporte im Vergleich zum Vorjahreszeitraum um 4,9 Prozent. Gegenüber den Exporteinbußen der deutschen Industriebranchen nimmt sich dieser Rückgang vergleichsweise bescheiden aus. Dennoch will das Bundeslandwirtschaftsministerium in diesem Jahr einen zweistelligen Millionenbetrag für die Exportförderung zur Verfügung stellen. (1), (3)

Kostenanstiege im Weinbau

In der Weinwirtschaft war es insbesondere die schlechte Witterung, die das Jahr 2008 negativ prägte. Bis zur Weinlese 2008 mussten die Winzer beträchtliche Mehrausgaben für Pflanzenschutzmaßnahmen aufbringen. Diese stiegen um 19 Prozent gegenüber dem Vorjahr. Teurer wurden auch Energie und Wasser (plus 13,5 Prozent) und die Maschinenmiete (plus 9,3 Prozent). Da die Preise für Maische und Fasswein gleichzeitig fielen, konnten die Winzer aus der Saison 2008 nur unzureichende Erlöse ziehen. So sanken die Unternehmensergebnisse etwa in Rheinland-Pfalz um über zwölf Prozent. (2)

Neue Bundesregierung startet

Soforthilfeprogramm

Die Bundesregierung will den deutschen Landwirten angesichts der Finanzkrise unter die Arme greifen, gleichzeitig aber auch den Wettbewerb fördern. 750 Millionen Euro sollen den Landwirten über die schwierige Etappe hinweg helfen. Davon sollen 500 Millionen Euro in ein so genanntes Grünlandmilchprogramm fließen. Unklar ist bisher, wie das Geld verteilt werden soll. (4), (6)

Trends

Lebensmittelpreise könnten steigen

Der Präsident der Weltbank, Robert Zoellick, hat kürzlich vor einem kräftigen Anstieg der Lebensmittelspreise gewarnt. Eine solche - für die Bauernschaft prinzipiell positive Entwicklung - würde auf der anderen Seite zu mehr Inflation führen. Zudem muss bei Lebensmittelpreisen immer an ärmere Regionen gedacht werden, in denen hohe Ausgaben für die Ernährung gar nicht aufgebracht werden können. Die Sorge des Weltbank-Präsidenten beruht insbesondere auf dem Treiben von

Spekulanten. Da sich auch mit Lebensmitteln hohe Renditen erzielen lassen, könnten sie den Agrarsektor neu entdecken und das zurzeit freie Kapital in die Agrarmärkte investieren. (7)

Fallbeispiele

Bayerns Agrarminister will mehr Unternehmertum

Der bayerische Agrarminister Helmut Brunner hat von den Bauern mehr unternehmerisches Denken gefordert. Der Minister kritisierte dabei, dass es sich allzu viele Landwirte unter dem allumfassenden staatlichen Schirm gemütlich machen würden. So sollten die Bauern über schwankende Preise nicht nur klagen, sondern Strategien entwickeln, um den neuen Gegebenheiten besser zu begegnen. Die Landwirte sollten darum auch darüber nachdenken, wie sie ihre Produktionskosten senken können. Die gesamte Branche müsse sich, so Brunner, darauf einstellen, dass Innovationen uns unternehmerische Kompetenz auch im Agrarsektor immer wichtiger werden. (5)

Immer mehr Menschen hungern

Erstmals seit Beginn der Erfassungen im Jahr 1970 litten 2009 mehr als eine Milliarde Menschen unter Hunger. 1,4 Milliarden Menschen leben in extremer Armut und müssen mit weniger als 1,25 US-Dollar am Tag auskommen. Geschätzt wird, dass die die weltweite Rezession zusätzlich 90 Millionen Menschen in die Armut getrieben hat. (8)

Weiterführende Literatur

(1) Bauern verdienen deutlich weniger Schwache Ernte
aus Süddeutsche Zeitung, 11.12.2009, Ausgabe Deutschland, Bayern, München, S. 19

(2) Wirtschaftskrise in der Landwirtschaft angekommen...
aus Agra-Europe (AgE), 50. Jahrgang Nr. 47 vom 16.11.2009

(3) Laut Bauernverband Landwirte verdienen nur noch 2000 Euro brutto
aus HANDELSBLATT online 10.12.2009 12:46:45

(4) Ministerium ringt um Verteilung
aus agrarzeitung 46 vom 13.11.2009 Seite 001

(5) Bauern sollen Unternehmer werden
aus Süddeutsche Zeitung, 28.12.2009, Ausgabe Bayern, München, S. 47

(6) Zwei klare Botschaften" für die Landwirtschaft...
aus Agra-Europe (AgE), 50. Jahrgang Nr. 47 vom 16.11.2009

(7) Weltbank rechnet mit Preisexplosion
aus Agra-Europe (AgE), 50. Jahrgang Nr. 47 vom 16.11.2009

(8) Kampf dem Hunger // Erstmals mehr als eine Milliarde Menschen unterernährt - UN wollen im Herbst Bilanz ziehen // 2010 Ein Jahr gegen die Armut in der Welt
aus Der Tagesspiegel Nr. 20489 VOM 04.01.2010 SEITE 006

Impressum

Landwirtschaft unter Druck - volatile Märkte und niedrige Preise nagen an den Einkommen

Bibliografische Information der deutschen Nationalbibliothek

Die Deutsche Nationalbibliothek verzeichnet diese Publikation in der deutschen Nationalbibliografie; detaillierte bibliografische Daten sind im Internet über http://dnb.d-nb.de abrufbar.

ISBN: 978-3-7379-1660-8

© 2015 GBI-Genios Deutsche Wirtschaftsdatenbank GmbH, Freischützstraße 96, 81927 München, www.genios.de

Alle Rechte vorbehalten. Dieses Werk ist einschließlich aller seiner Teile – z.B. Texte, Tabellen und Grafiken - urheberrechtlich geschützt. Jede Verwertung außerhalb der Grenzen des Urheberrechtsgesetzes bedarf der vorherigen Zustimmung des Verlags. Dies gilt insbesondere auch für auszugsweise Nachdrucke, fotomechanische

Vervielfältigungen (Fotokopie/Mikroskopie), Übersetzungen, Auswertungen durch Datenbanken oder ähnliche Einrichtungen und die Einspeicherung und Verarbeitung in elektronischen Systemen.